Oh mon bateau !

Savoureux par Nature

Coraya®

Coraya, savoureux par nature.

Spécialiste des produits de la mer, Coraya met toutes voiles dehors lorsqu'il s'agit d'innover pour vous proposer des produits délicieux et équilibrés !

Elaborés sur les rivages de Normandie à partir d'ingrédients sélectionnés avec soin, les produits Coraya vous aident à réaliser une cuisine savoureuse et équilibrée au quotidien. A chaud, comme à froid, les produits Coraya sont vos alliés pour apporter une touche marine à vos créations aussi bien à l'apéritif, en entrée ou en plat principal.

Laissez-vous entraîner vers une multitude d'horizons gourmands et inventifs avec Coraya !

Le petit livre

CORAYA®

VIRGINIE CIPOLLA
Photographies de Lucie Cipolla

MARABOUT

REMERCIEMENTS

L'auteur remercie Lucie, Louise, Mehdi pour leur aide précieuse
ainsi que Marie-Eve & Léonore de Marabout

Avec la collaboration de CORAYA®.

Shopping : Virginie Cipolla
Suivi éditorial : Marie-Ève Lebreton
Relecture : Véronique Dussidour
Mise en pages : Gérard Lamarche

ISBN : 978-2-501-07901-3
4109013
Dépôt légal : Juin 2012
Achevé d'imprimer en Avril 2012
sur les presses d'Impresia-Cayfosa en Espagne

SOMMAIRE

KIT DIP

DIP DE PURÉE DE PIMENTS

3 piments oiseau, le jus de 1 citron vert, 2 cm de racine de gingembre, 1 gousse d'ail, 6 cuillerées à soupe d'huile d'olive, mini bâtonnets Petits Coraya, sel, poivre du moulin

Retirer les graines et le pédoncule des piments. Éplucher le gingembre frais. Dégermer l'ail. Mixer tous les ingrédients. Saler, poivrer. Servir avec des mini bâtonnets.

DIP DE CITRON & MIEL

25 cl de crème fraîche épaisse, le jus et le zeste de ½ citron bio, 2 cuillerées à soupe de miel d'acacia, mini bâtonnets Petits Coraya, poivre du moulin

Dans un bol, mélanger la crème fraîche, le jus du citron et le miel. Poivrer. Parsemer de zestes de citron. Réserver 30 minutes au réfrigérateur puis servir avec des mini bâtonnets.

DIP DE PETITS POIS & CHANTILLY DE CORAYA®

200 g de petits pois, 25 cl de crème fleurette, quelques filaments de safran, mini bâtonnets Petits Coraya, poivre du moulin

Égoutter les petits pois et les rincer. Les mixer avec le safran et 5 cl de crème. Réserver. Placer un bol, un fouet et le reste de la crème fleurette quelques minutes au congélateur. La monter en chantilly bien ferme. Mélanger délicatement la chantilly avec 2 bâtonnets mixés. Dans une coupelle, déposer la crème de petits pois et recouvrir de 1 cuillerée à café de chantilly. Poivrer. Servir avec des Petits Coraya.

DIP DE CURRY AU YAOURT

2 petits-suisses, 1 cuillerée à soupe de crème liquide entière, 1 cuillerée à café de curry en poudre, coriandre ciselée, mini bâtonnets Petits Coraya

Mélanger les petits-suisses, la crème liquide entière, le curry et la coriandre ciselée. Réserver au réfrigérateur. Servir avec des Petits Coraya.

KIT SUCRÉ SALÉ

BROCHETTES DE CORAYA® NOIX DE CAJOU

4 mini bâtonnets Petits Coraya, 2 cuillerées à soupe de miel d'acacia, 1 cuillerée à soupe de noix de cajou, 1 pomme, pics en bois

Détailler en tronçons de 2 cm les Petits Coraya. Éplucher et couper la pomme en petits dés. Badigeonner les tronçons de bâtonnets de miel et les tremper dans les noix de cajou concassées. Sur un pic en bois, alterner des morceaux de Petits Coraya et des dés de pomme.

PÂTE À TARTINER DE CORAYA® & RAISINS

4 mini bâtonnets Petits Coraya, quelques gouttes de jus de citron, 4 cuillerées à soupe de fromage frais, 1 cuillerée à soupe de raisins secs, crakers nature, poivre du moulin

Mixer les mini bâtonnets avec le jus de citron. Mélanger avec le fromage frais et les raisins secs. Poivrer. Tartiner la pâte sur un craker et recouvrir d'un autre cracker pour obtenir un sandwich.

VERRINE KIWI-CORAYA

1 kiwi, 2 mini bâtonnets Petits Coraya, fromage frais, 1 cuillerée à soupe de sirop d'érable, le jus de ½ citron

Éplucher et détailler le kiwi en petits dés. Arroser de quelques gouttes de jus de citron. Couper les mini bâtonnets en petits tronçons. Écraser le fromage frais à la fourchette, mélanger avec le sirop d'érable. Dans une verrine, alterner une couche de kiwi avec une couche de fromage frais et les morceaux de Petits Coraya.

Coraya

KIT TARTINES

TARTINE CROUSTILLANTE FAÇON THAÏE

4 mini bâtonnets Petits Coraya, le jus de ½ citron vert, 4 ou 5 brins de coriandre ciselée, 1 cuillerée à café de Tabasco®, 4 lamelles de gingembre frais, 1 feuille de brick, sel, poivre

Émincer finement les mini bâtonnets et les mélanger avec le jus de citron, la coriandre ciselée, le Tabasco® et le gingembre. Saler, poivrer. Couper la feuille de brick en quatre et faire dorer au four. Tartiner les morceaux de brick du mélange au gingembre.

TARTINE NORDIQUE

2 pains suédois, 1 petite tasse de Râpé de la Mer de CORAYA®, 150 g de fromage frais, 1 demi-concombre, le jus de ½ citron, 4 ou 5 brins d'aneth, sel, poivre

Éplucher, couper le concombre en petits dés. Mélanger le fromage frais, les dés de concombre, l'aneth ciselée, le Râpé de la Mer et le jus de citron. Saler, poivrer. Toaster les pains, les couper en triangles puis tartiner de crème au concombre.

TARTINE LÉGÈRE

4 tranches de pain complet, 220 g de fromage de brebis, 1 poignée de roquette, huile de sésame, 1 petite botte de radis, 4 mini bâtonnets Petits Coraya, sel au céleri

Mélanger le fromage avec la roquette ciselée, 1 filet d'huile de sésame et 1 pincée de sel au céleri. Détailler les radis en petites rondelles. Couper les mini bâtonnets en petits tronçons. Tartiner chaque tranche de pain du mélange au fromage. Ajouter les tronçons de Petits Coraya et quelques rondelles de radis.

TARTINE GOURMANDE

4 tranches de pain à la figue et aux noix, 2 cuillerées à soupe de ricotta, 2 cuillerées à soupe de mascarpone, 2 abricots secs, 4 mini bâtonnets Petits Coraya, sel, poivre du moulin

Mélanger vigoureusement la ricotta avec le mascarpone jusqu'à obtenir une crème bien lisse. Hacher les abricots et les ajouter au mélange. Saler, poivrer. Tartiner chaque tranche de pain du mélange mascarpone-ricotta puis déposer les mini bâtonnets.

SUSHIS AU PLEINE SAVEUR DE CORAYA®
& ŒUFS DE SAUMON

30 MIN DE PRÉPARATION – 20 MIN DE CUISSON

POUR 12 SUSHIS

150 g de riz à sushis

2 cuillerées à soupe de vinaigre de riz

1 cuillerée à soupe de sucre en poudre

6 bâtonnets Pleine Saveur de CORAYA®

150 g de fromage frais

Tabasco®

wasabi

50 g d'œufs de saumon

sauce soja sucrée

sel, poivre

1- Laver le riz à grande eau. Laisser égoutter dans une passoire.
2- Dans une casserole, porter à ébullition, à couvert, le riz avec 15 cl d'eau. Baisser le feu et laisser cuire 10 minutes.
3- Dans une poêle, faire chauffer à feu doux le vinaigre avec le sucre et 1 pincée de sel. Dès la dissolution du sucre, laisser refroidir.
4- Verser la préparation vinaigrée sur le riz en plusieurs fois. Mélanger délicatement afin de ne pas écraser les grains de riz.
5- Former dans le creux de la main 1 cuillerée à soupe en forme oblongue en tassant le riz avec les doigts.
6- Mixer les bâtonnets puis les mélanger au fromage frais. Ajouter quelques gouttes de Tabasco®, saler et poivrer.
7- Déposer une noisette de wasabi sur les sushis puis ajouter la farce et terminer en ajoutant quelques œufs de saumon.
8- Façonner des petits bâtonnets et les déposer sur le riz. Servir aussitôt accompagné de sauce soja sucrée.

Coraya

SUSHIS AU GRANDS CORAYA & CONCOMBRE

30 MIN DE PRÉPARATION – 20 MIN DE CUISSON

POUR 12 SUSHIS

150 g de riz à sushis

2 cuillerées à soupe de vinaigre de riz

1 cuillerée à soupe de sucre en poudre

6 bâtonnets Grands Coraya

1 concombre

12 lamelles de gingembre frais

ciboulette

sauce soja

sel

1- Laver le riz à grande eau. Laisser égoutter dans une passoire.
2- Dans une casserole, porter à ébullition, à couvert, le riz avec 15 cl d'eau. Baisser le feu et laisser cuire 10 minutes.
3- Dans une poêle, faire chauffer à feu doux le vinaigre avec le sucre et 1 pincée de sel. Dès la dissolution du sucre, laisser refroidir.
4- Verser la préparation vinaigrée sur le riz en plusieurs fois. Mélanger délicatement afin de ne pas écraser les grains de riz.
5- Former dans le creux de la main 1 cuillerée à soupe en forme oblongue en tassant le riz avec les doigts.
6- Découper en fines lamelles les bâtonnets et faire de même avec le gingembre.
7- Déposer sur chaque sushi 1 lamelle de Grands Coraya et 1 lamelle de gingembre. Tasser à nouveau avec les doigts sur les côtés.
8- Découper de fines lamelles de concombre et les déposer sur les sushis. Faire tenir avec un brin de ciboulette. Déguster les sushis accompagnés de sauce soja.

MINI BLINIS & CRÈME DE PETITS CORAYA AU THYM

10 MIN DE PRÉPARATION – 30 MIN DE REPOS – 15 MIN DE CUISSON

POUR 20 MINI BLINIS

LES BLINIS

150 g de farine

3 œufs

20 cl de lait

20 g de parmesan râpé

sel, poivre

LA CRÈME

6 mini bâtonnets Petits Coraya

15 cl de crème fraîche

1 cuillerée à soupe de lait

1 cuillerée à café de jus de citron

thym séché

sel, poivre

Oh mon bateau !

1- Dans un bol, mélanger la farine, les œufs, le lait et le parmesan. Saler, poivrer. Laisser reposer la pâte 30 minutes.

2- Pendant ce temps, préparer la crème : mixer les mini bâtonnets. Les mélanger à la crème fraîche avec le lait et le jus de citron.

3- Ajouter le thym. Bien mélanger. Saler, poivrer. Réserver au réfrigérateur.

4- Dans une poêle huilée, verser 1 cuillerée à soupe de pâte à blinis et faire cuire 1 minute de chaque côté.

5- Les tartiner de crème et servir aussitôt.

CLUB SANDWICH, SAUCE TANDOORI

10 MIN DE PRÉPARATION

POUR 4 PERSONNES

12 tranches de pain de mie

4 cuillerées à soupe de mayonnaise

2 cuillerées à café d'épices tandoori

1 cœur de laitue

1 botte de radis

1 cuillerée à soupe d'estragon ciselé

12 mini bâtonnets Petits Coraya

poivre au moulin

1- Mélanger la mayonnaise avec les épices. Tartiner les tranches de pain du mélange.

2- Recouvrir 4 tranches de pain de feuilles de laitue puis de rondelles de radis. Ajouter un peu d'estragon ciselé et poivrer.

3- Couvrir avec 4 autres tranches de pain en gardant le côté tartiné au-dessus.

4- Couper les mini bâtonnets en fines tranches. Les répartir sur les sandwiches, ajouter des feuilles de laitue, de l'estragon et poivrer.

5- Refermer les sandwichs avec les tranches de pain restantes, le côté tartiné en-dessous.

6- Couper les sandwichs en deux ou quatre et servir accompagné d'une salade de mesclun et quelques noisettes concassées.

SAMOSSAS AU FROMAGE FRAIS

15 MIN DE PRÉPARATION – 10 MIN DE CUISSON

POUR 8 SAMOSSAS

4 feuilles de brick

150 g de fromage frais

1 cuillerée à café
de graines de fenouil

1 gousse d'ail

6 mini bâtonnets de
Petits Coraya mixés

1 jaune d'œuf

huile d'olive

sel, poivre

1- Mixer les mini bâtonnets. Les mélanger avec le fromage frais et les graines de fenouil.
2- Éplucher, dégermer et piler la gousse d'ail. L'ajouter à la préparation. Saler, poivrer.
3- Couper les feuilles de brick en deux. À l'aide d'un pinceau, les badigeonner d'huile d'olive.
4- Plier en deux chaque morceau de feuille de brick et garnir avec 2 cuillerées à soupe de préparation. Former les samossas. À l'aide d'un pinceau, les recouvrir de jaune d'œuf battu pour bien les souder.
5- Dans une poêle, les faire dorer de chaque côté. Déguster aussitôt, accompagné d'une laitue.

MINI WRAPS

CRÈME DE PLEINE SAVEUR DE CORAYA® & ANETH

10 MIN DE PRÉPARATION

POUR 4 PERSONNES

4 tortillas de blé

4 petits-suisses

12 bâtonnets Pleine Saveur de CORAYA®

jus de citron

quelques brins d'aneth ciselés

1 cuillerée à café de graines de sésame

sel de céleri

1- Mixer la moitié des bâtonnets puis ajouter quelques gouttes de jus de citron et mélanger avec les petits-suisses, l'aneth, les graines de sésame et une pincée de sel de céleri.
2- Tartiner les tortillas de crème. Déposer le reste des Pleine Saveur et rouler chaque tortilla en serrant bien.
3- Couper en tronçons et maintenir à l'aide de pics en bois.

OPINEL
INOX

MINI WRAPS ÉPICÉS

10 MIN DE PRÉPARATION

POUR 4 PERSONNES

4 tortillas de maïs

20 cl de crème fraîche épaisse

6 bâtonnets Pleine Saveur de CORAYA®

1 petit concombre

1 piment oiseau

1 cuillerée à café de curry en poudre

1- Mixer les bâtonnets. Les mélanger avec la crème fraîche puis ajouter le curry et le piment haché.
2- Râper le concombre et bien le faire égoutter dans une passoire. L'ajouter à la crème et bien mélanger.
3- Tartiner de crème les tortillas. Rouler la tortilla en serrant bien. Couper en tronçons et maintenir à l'aide de pics en bois.

SALADE DE RIZ MEXICAINE

20 MIN DE PRÉPARATION – 15 MIN DE CUISSON

POUR 4 PERSONNES

150 g de riz blanc

une dizaine de queues de crevettes roses

210 g de épis de maïs

210 g de cœurs de palmier

10 bâtonnets Pleine Saveur de CORAYA®

½ bouquet de coriandre fraîche

le jus de 1 citron vert

1 cuillerée à soupe de gingembre en poudre

4 cuillerées à soupe d'huile de tournesol

1 cuillerée à soupe de miel

1 piment oiseau

1- Dans un grand volume d'eau, faire cuire pendant 15 minutes le riz façon créole : le riz doit rester légèrement croquant. Égoutter et passer sous un filet d'eau froide afin d'arrêter la cuisson. Égoutter de nouveau et laisser refroidir.

2- Couper les bâtonnets en fines lamelles.

3- Détailler les cœurs de palmiers en rondelles.

4- Déposer le riz dans une grande assiette et ajouter les épis de maïs, les crevettes, les cœurs de palmier et les lamelles de Pleine Saveur.

5- Mélanger le jus de citron vert, l'huile de tournesol et le miel. Ajouter le gingembre, la coriandre ciselée et le piment oiseau coupé finement. Bien mélanger. Verser la sauce sur la salade de riz.

Coraya

SALADE ROSE AU BLÉ

20 MIN DE PRÉPARATION – 10 MIN DE CUISSON

POUR 4 PERSONNES

150 g de blé

10 bâtonnets Pleine Saveur de CORAYA®

1 petite botte de radis

2 betteraves rouges, cuites

quelques pointes d'asperges blanches

1 oignon rouge

5 cuillerées à soupe d'huile d'arachide

3 cuillerées à soupe de vinaigre rouge

1 gousse d'ail écrasée

½ bouquet de basilic

huile d'olive

sel

1- Dans un grand volume d'eau salée, faire cuire le blé 10 minutes avec un filet d'huile d'olive. L'égoutter et réserver.
2- Cuire les asperges à la vapeur : elles doivent rester croquantes.
3- Éplucher les betteraves et les trancher en petits cubes.
4- Émincer les radis et l'oignon rouge en fines rondelles.
5- Détailler les bâtonnets en petits tronçons.
6- Mélanger le blé avec les asperges, les betteraves, les radis, l'oignon et les tronçons de Pleine Saveur.
7- Dans un bol, mélanger l'huile d'arachide, le vinaigre rouge, la gousse d'ail écrasée et le basilic ciselé. Verser sur la salade au moment de servir.

Les Bienfaits Marins
Coraya
Bâtonnets

SALADE DE COURGETTES CRUES,
SÉSAME & SAUCE CACAHUÈTE

15 MIN DE PRÉPARATION

POUR 4 PERSONNES

2 courgettes

500 g de pousses d'épinard

200 g de fèves

10 bâtonnets Pleine Saveur de CORAYA®

le jus de ½ citron

graines de sésame

fleur de sel

LA SAUCE

20 g de cacahuètes grillées non salées, hachées

1 cuillerée à soupe de sauce soja

3 cuillerées à soupe de crème fraîche

1 cuillerée à café de gingembre frais, râpé

3 cuillerées à soupe d'huile d'arachide

1- Bien laver les courgettes. Les émincer en tranches très fines. Les arroser de jus de citron.
2- Couper les bâtonnets en tronçons.
3- Disposer un lit de pousses d'épinard sur une assiette. Ajouter les tranches de courgette et les tronçons de Pleine Saveur ainsi que les fèves. Saupoudrer de graines de sésame et de fleur de sel.
4- Dans un bol, mélanger les cacahuètes, la sauce soja, la crème fraîche, le gingembre et l'huile d'arachide. Verser généreusement sur la salade.

SALADE DE HARICOTS VERTS

20 MIN DE PRÉPARATION – 5 MIN DE CUISSON

POUR 4 PERSONNES

300 g de haricots verts frais

200 g de pois gourmands

100 g de salade (mesclun + roquette)

6 bâtonnets Pleine Saveur de CORAYA®

1 gousse d'ail

1 cuillerée à café de gingembre en poudre

le jus de ½ citron

1 pincée de piment en poudre

4 cuillerées à soupe d'huile d'olive

sel, poivre

1- Dans un grand volume d'eau salée, faire cuire les haricots verts et les pois gourmands 5 minutes environ : ils doivent rester croquants. Les passer sous l'eau froide. Réserver.
2- Piler la gousse d'ail épluchée dans un mortier.
3- Mélanger le jus de citron, l'huile d'olive, l'ail pilé, le gingembre en poudre et le piment. Saler, poivrer. Réserver au réfrigérateur.
4- Mettre la salade dans une grande assiette.
5- Couper les bâtonnets en tronçons. Réaliser des petits fagots en déroulant les tronçons et en les enroulant autour de quelques haricots. Les déposer sur la salade accompagnée des pois gourmands. Verser l'assaisonnement et déguster aussitôt.

SALADE DE FARFALLE & ANTIPASTI

20 MIN DE PRÉPARATION – 10 MIN DE CUISSON

POUR 4 PERSONNES

150 g de farfalle

100 g de mélange d'antipasti (artichauts et aubergines)

10 bâtonnets Pleine Saveur de CORAYA®

1 oignon nouveau haché

le jus de ½ citron

quelques gouttes de Tabasco®

huile d'olive

thym séché

sel, poivre

1- Dans un grand volume d'eau, faire cuire les pâtes *al dente* avec 1 filet d'huile d'olive. Les passer sous l'eau froide pour les refroidir. Réserver.

2- Couper les aubergines en lamelles et les artichauts en quatre.

3- Couper les bâtonnets en petits tronçons.

4- Dans un bol, mélanger le jus de citron, 4 cuillerées à soupe d'huile d'olive, quelques gouttes de Tabasco®, l'oignon haché. Saler et poivrer.

5- Mélanger la vinaigrette avec les pâtes et les antipasti. Ajouter les tronçons de Pleine Saveur et parsemer de thym.

SALADE DE LÉGUMES RÂPÉS

15 MIN DE PRÉPARATION

POUR 4 PERSONNES

150 g de carottes râpées

150 g de chou blanc râpé

2 pommes vertes type granny-smith

10 mini bâtonnets Petits Coraya

½ bouquet de coriandre

3 cuillerées à soupe de vinaigre balsamique

3 cuillerées à soupe d'huile d'olive

1 cuillerée à café de graines de sésame grillées

½ citron

sel, poivre

1- Éplucher et essuyer les carottes. Les râper. Laver le chou et le couper en quatre. Le râper. Éplucher et couper les pommes en fines lamelles. Arroser le tout de jus de citron.

2- Dans un saladier, mélanger le vinaigre balsamique et l'huile d'olive. Saler et poivrer. Ajouter la coriandre ciselée et les graines de sésame grillées.

3- Dresser dans une assiette les carottes, le chou, les pommes et les Petits Coraya. Arroser de vinaigrette et réserver au réfrigérateur avant de servir.

Cora
Mini Snac
Pet
Coray
+1 sa
Mayon

SALADE DE ROQUETTE & MANGUE

15 MIN DE PRÉPARATION

POUR 4 PERSONNES

300 g de roquette

1 belle mangue

10 bâtonnets Pleine Saveur de CORAYA®

copeaux de parmesan

1 cuillerée à café de graines de fenouil

½ bouquet de coriandre ciselée

le jus de ½ citron

5 cuillerées à soupe de sauce soja

3 cuillerées à soupe d'huile d'olive

1- Laver la roquette et l'égoutter.
2- Détailler les bâtonnets en petits tronçons.
3- Éplucher et couper la mangue en fines lamelles.
4- Dans un saladier, mélanger la roquette, la coriandre, les tronçons de Pleine Saveur et les graines de fenouil.
5- Mélanger le jus de citron, la sauce soja et l'huile d'olive. Verser l'assaisonnement sur la roquette. Répartir les lamelles de mangue sur la salade. Parsemer de copeaux de parmesan.

PITA AU CAVIAR D'AUBERGINE

10 MIN DE PRÉPARATION

POUR 4 PERSONNES

4 pains pita

100 g de salade verte

8 bâtonnets Pleine Saveur de CORAYA®

1 petit pot de caviar d'aubergine

1 pot de cottage cheese

1 oignon rouge

½ bouquet de coriandre

huile d'olive

poivre

1- Laver et essorer la salade. Émincer finement l'oignon.

2- Mélanger le cottage cheese, la coriandre et l'oignon émincé. Verser 1 filet d'huile d'olive et poivrer.

3- Ouvrir les pains pita et les tartiner d'une fine couche de caviar d'aubergine. Ajouter quelques feuilles de salade et les bâtonnets puis recouvrir généreusement de la préparation au cottage cheese.

WRAPS DE SAUMON FUMÉ DE CORAYA®
& PESTO MAISON

10 MIN DE PRÉPARATION – 5 MIN DE CUISSON

POUR 4 PERSONNES

4 tortillas de blé

12 bâtonnets au Saumon Fumé de CORAYA®

1 bonne poignée de pousses d'épinard

100 g de basilic

2 gousses d'ail

100 g de parmesan râpé

60 g de pignons de pin

45 cl d'huile d'olive

poivre du moulin

1- Dans une poêle antiadhésive, faire revenir les pignons de pin à sec jusqu'à ce qu'ils soient dorés.
2- Mixer les feuilles de basilic, les gousses d'ail, le parmesan, les pignons de pin, l'huile d'olive. Poivrer.
3- Tartiner chaque tortilla de pesto. Ajouter des pousses d'épinard et 3 bâtonnets au Saumon Fumé. Rouler en serrant bien et déguster aussitôt.

CROQ'PLEINE SAVEUR DE CORAYA® BRIOCHÉ

20 MIN DE PRÉPARATION – 5 MIN DE CUISSON

POUR 4 PERSONNES

4 tranches de pain brioché

8 bâtonnets Pleine Saveur de CORAYA®

150 g de fromage frais

1 cuillerée à soupe de crème fraîche

quelques feuilles de basilic ciselé

1 cuillerée à soupe de carottes râpées

sel, poivre du moulin

1- Dans un bol, mélanger à la fourchette le fromage frais, la crème fraîche, le basilic finement ciselé et les carottes râpées. Saler et poivrer. Réserver au réfrigérateur.
2- Couper les bâtonnets en fines tranches.
3- Couper les tranches de pain en deux en forme de triangle. Les faire dorer quelques instants sous le gril du four préalablement chauffé.
4- Tartiner généreusement les pains du mélange. Ajouter les tranches de Pleine Saveur et refermer les croques. Servir aussitôt.

TERRINE AUX HERBES FRAICHES

20 MIN DE PRÉPARATION – 1 H DE CUISSON

POUR 4 PERSONNES

50 cl de crème liquide entière

5 œufs

20 mini bâtonnets Petits Coraya

1 cuillerée à café de noix de muscade râpée

2 échalotes

mélange d'herbes fraîches (estragon, basilic, ciboulette)

sel, poivre

1- Préchauffer le four à 160 °C. Mixer les œufs avec les bâtonnets, la crème liquide, les herbes, la noix de muscade, les échalotes et les herbes fraîches. Saler, poivrer.

2- Chemiser un moule à cake de film alimentaire et verser la préparation.

3- Mettre le moule à cake dans un plat allant au four. Ajouter de l'eau aux trois quarts et enfourner. Faire cuire au bain-marie 1 heure. Servir avec des toasts.

TABOULÉ AU PETITS CORAYA

20 MIN DE PRÉPARATION

POUR 4 PERSONNES

- 300 g de semoule fine non cuite
- 15 mini bâtonnets Petits Coraya
- 150 g de pois chiches
- 100 g de fèves surgelées
- ½ botte de persil frais
- ½ botte de menthe fraîche
- 2 échalotes
- le jus de 2 citrons
- 15 cl d'huile d'olive
- sel, poivre

1- Dans une casserole d'eau bouillante salée, plonger les fèves et faire cuire 5 minutes. Les passer sous un filet d'eau froide puis retirer la petite peau.

2- Couper les bâtonnets en petits tronçons.

3- Égoutter les pois chiches. Émincer finement les échalotes ainsi que le persil et la menthe.

4- Mélanger la semoule avec tous ces ingrédients excepté les tronçons de Petits Coraya. Ajouter l'huile d'olive et le jus de citron. Bien mélanger.

5- Ajouter les tronçons de bâtonnets. Réserver 1 heure au réfrigérateur.

BENTO PRINTANIER

10 MIN DE PRÉPARATION

POUR 1 PERSONNE

1 poignée de pousses d'épinard

2 petites endives

2 petites carottes

1 petite botte de radis

1 banane

1 barquette de framboises

6 bâtonnets Pleine Saveur de CORAYA®

50 g de ricotta

1 cuillerée à soupe de crème fraîche

½ citron

sucre de canne

sel, poivre du moulin

1- Laver et essorer les pousses d'épinard.
2- Nettoyer et laver les radis.
3- Couper les endives et les carottes en bâtonnets.
4- Détailler les Pleine Saveur en fines tranches.
5- Éplucher et couper la banane en fines rondelles.
6- Mélanger la ricotta, la crème fraîche et quelques gouttes de jus de citron. Saler, poivrer.
7- Dans le bento, placer toutes les crudités et les tranches de Pleine Saveur d'un côté et les fruits de l'autre. Saupoudrer les fruits de sucre de canne.
8- Tremper les crudités dans la sauce à la ricotta.

SOUFFLÉ AU RÂPÉ DE LA MER

20 MIN DE PRÉPARATION – 20 À 25 MIN DE CUISSON

POUR 4 PERSONNES

80 g de comté râpé
60 g de beurre
40 g de farine
4 œufs
50 cl de lait entier froid
150 g de Râpé de la Mer de CORAYA®
noix de muscade
sel, poivre

1- Préchauffer le four à 200 °C.
2- Dans une casserole, faire fondre le beurre à feu doux. Hors du feu, verser la farine et mélanger sans cesser de remuer. Verser le lait progressivement, fouetter vigoureusement et porter à ébullition. Saler, poivrer et ajouter une pointe de muscade.
3- Incorporer les jaunes d'œufs dans la béchamel. Mélanger. Ajouter le comté râpé et le Râpé de la Mer. Bien mélanger.
4- Monter les blancs en neige bien ferme avec 1 pincée de sel. Les incorporer délicatement à la béchamel.
5- Beurrer généreusement 4 ramequins individuels à soufflé et les remplir aux deux tiers. Enfourner et laisser cuire 20 minutes environ. Servir aussitôt.

CAKE AU PESTO & PLEINE SAVEUR DE CORAYA®

15 MIN DE PRÉPARATION – 45 MIN DE CUISSON

POUR 6 PERSONNES

200 g de farine

1 sachet de levure chimique

4 petits œufs

5 cuillerées à soupe d'huile d'olive

10 cl de lait entier

100 g de pesto

1 petite poignée de fèves surgelées

8 bâtonnets Pleine Saveur de CORAYA®

sel, poivre

1- Préchauffer le four à 180 °C.

2- Détailler les bâtonnets en petits tronçons. Réserver.

3- Dans un saladier, mélanger la farine avec la levure. Creuser un puits au centre et y déposer les œufs légèrement battus. Verser l'huile et le lait puis remuer délicatement. Ajouter le pesto, les fèves et mélanger à nouveau. Terminer en ajoutant les tronçons de Pleine Saveur sans tro travailler la pâte.

4- Verser la préparation dans un moule à cake préalablement beurré e fariné. Enfourner et laisser cuire 45 minutes. Vérifier la cuisson du cak à l'aide de la lame d'un couteau : elle doit ressortir sèche. Laisser refroidir et réserver 1 heure au réfrigérateur.

BURGER AU CHEDDAR

15 MIN DE PRÉPARATION – 5 MIN DE CUISSON

POUR 4 BURGERS

4 pains à burger

4 tranches de cheddar

12 bâtonnets Pleine Saveur de CORAYA®

quelques feuilles de laitue

1 oignon rouge

mayonnaise

sel, poivre

1- Éplucher et émincer finement l'oignon.

2- Détailler les bâtonnets en lamelles dans le sens de la longueur.

3- Préchauffer le four à 180 °C. Couper chaque pain en deux et les faire toaster quelques minutes sous le gril du four.

4- Sur la partie basse du pain, déposer 1 petite cuillerée à café de mayonnaise, 1 feuille de salade, quelques rondelles d'oignon, 1 tranche de cheddar et quelques lamelles de Pleine Saveur. Saler, poivrer. Refermer les burgers. Manger sans attendre !

CARPACCIO, CITRON VERT & BAIES ROSES

10 MIN DE PRÉPARATION – 30 MIN DE REPOS

POUR 4 PERSONNES

4 tranches de Jambon de la Mer de CORAYA®

1 cuillerée à café de baies roses

4 cuillerées à soupe d'huile de sésame

4 lamelles de gingembre frais, émincé

8 graines de coriandre concassées

le jus de 2 citrons verts

poivre du moulin

1- Préparer la marinade : mélanger l'huile de sésame, le gingembre émincé, le jus des citrons, les graines de coriandre concassées et les baies roses. Poivrer.

2- Dans 4 assiettes creuses, déposer 1 tranche de Jambon de la Mer et recouvrir de marinade. Recouvrir de film alimentaire et réserver 30 minutes au réfrigérateur. Servir, accompagné d'une salade de roquette et d'un pain aux raisins.

GÂTEAU DE CRÊPES AU FROMENT

15 MIN DE PRÉPARATION – 30 MIN DE REPOS – 10 MIN DE CUISSON

POUR 4 PERSONNES

LES CRÊPES

250 g de farine de froment

3 œufs

½ l de lait

sel

LA GARNITURE

2 avocats

12 mini bâtonnets Petits Coraya

3 œufs durs

1 belle salade

3 tomates

mayonnaise

huile végétale

sel

1- Dans un saladier, verser la farine et creuser un puits au centre. Y déposer les œufs et une pincée de sel.

2- Ajouter le lait progressivement en mélangeant vigoureusement au fouet. Réserver 30 minutes.

3- Laver, essorer la salade et l'émincer finement. Couper les bâtonnets en quatre dans la longueur. Couper les avocats et les tomates en tranches fines. Détailler les œufs en rondelles.

4- Dans une poêle, faire chauffer 1 filet d'huile puis verser 1 petite louche de pâte. Faire cuire les crêpes quelques minutes de chaque côté. Répéter l'opération jusqu'à épuisement de la pâte.

5- Sur une assiette, déposer une première crêpe, étaler une fine couche de mayonnaise et déposer quelques rondelles d'œufs. Recouvrir d'une autre crêpe, de morceaux de Petits Coraya, de salade, puis de nouveau d'une crêpe, d'avocat, de tomates, et ainsi de suite jusqu'à former un joli gâteau de crêpes. Découper des parts individuelles.

Petits Coraya

GÂTEAU DE CRÊPES DE LA MER

15 MIN DE PRÉPARATION – 30 MIN DE REPOS – 10 MIN DE CUISSON

POUR 4 PERSONNES

LES CRÊPES

250 g de farine

3 œufs

½ l de lait

sel

LA GARNITURE

8 bâtonnets Pleine Saveur de CORAYA®

le jus et le zeste de ½ citron

1 concombre

1 poignée de pousses d'épinard

20 cl de crème fraîche entière

½ bouquet d'aneth

4 tranches de saumon fumé

poivre

1- Dans un saladier, verser la farine et creuser un puits au centre. Y déposer les œufs et une pincée de sel.
2- Ajouter le lait progressivement en mélangeant vigoureusement au fouet. Réserver 30 minutes.
3- Couper les bâtonnets en lamelles et arroser de quelques gouttes de jus de citron.
4- Éplucher et trancher le concombre en fines rondelles. Laver et essorer les pousses d'épinard.
5- Dans un petit bol, mélanger la crème fraîche avec l'aneth ciselée et les zestes de citron. Saler et poivrer.
Sur une assiette, déposer une première crêpe, mettre quelques feuilles d'épinard et les lamelles de Pleine Saveur. Recouvrir d'une autre crêpe, de crème, de saumon fumé, puis de nouveau d'une crêpe, de concombre, et ainsi de suite jusqu'à former un joli gâteau de crêpes.

BAGEL À LA CRÈME D'AVOCAT

20 MIN DE PRÉPARATION

POUR 4 BAGELS

4 pains bagel aux graines de pavot

100 g de Râpé de la Mer de CORAYA®

une poignée de roquette

2 avocats bien mûrs

1 cuillerée à soupe de crème fraîche épaisse

le jus de 1 citron vert

1 échalote

sel, poivre

1- Émincer l'échalote.

2- Ciseler quelques feuilles de roquette.

3- Écraser les avocats, ajouter l'échalote émincée, la roquette ciselée, le jus de citron et la crème fraîche. Saler, poivrer et mélanger.

4- Couper chaque bagel en deux et les tartiner de crème d'avocat. Déposer quelques feuilles de roquette et 2 cuillerées à soupe de Râpé de la Mer. Déguster aussitôt.